保育
わかば
BOOKS

保護者との
コミュニケーション

監修 社会福祉法人
　　　日本保育協会
編著 大方美香

中央法規

監修のことば

　核家族化の進展、地域のつながりの希薄化、共働き家庭の増加、兄弟姉妹の数の減少など子育て家庭や子どもの育ちをめぐる環境が大きく変化したことを背景に、平成27年4月に「子ども・子育て支援新制度」が施行され、平成29年には保育所保育指針や幼保連携型認定こども園教育・保育要領が改正されました。

　こうした中、新たに保育の現場に立つこととなった皆様に対する保育現場からの期待は大きなものがあります。一方で、これから現場に立たれる保育者の皆様は、様々な不安や戸惑いを感じることもあるのではないかと推察いたします。

　この「保育わかばBOOKS」第2弾では、保育現場に立たれて間もない新任の保育者や、キャリアにブランクのある保育者のために、日常の保育に求められる実践力や専門性の基礎をわかりやすく解説した実務書シリーズとして企画されました。

　本シリーズは、「保育を活性化するすきま時間を活用した遊び」「クラス運営に役立つ基本・応用スキル」「保護者とのコミュニケーション」「子どもの食を支える基本」「子どもの発達をとらえた保育実践」をテーマとして発刊することとなりました。

　皆様が本シリーズを活用し、今後さらに求められる保育の実践力や専門性を培われ、ますますご活躍されることを心より期待しています。

社会福祉法人　日本保育協会

はじめに

　保護者の生活は社会の急激な変化により多様化しています。何が正しいということではなく、さまざまな生活への見方や考え方があることを認識しておくことが必要です。子育て支援は、保育者が自分の尺度や価値観で保護者の「生活」そのものを評価することではありません。保護者を理解すること、保護者から理解されるように論点整理をした支援や対話が求められます。

　相互の信頼は、相手を理解しようとすること、「きめつけない」ことではないでしょうか。子育て支援は、子どものことや保護者自身のこと（病気・協力者不在・家事力の有無等）、保護者を取り巻く環境（経済・家族・仕事等）など、さまざまな要因が絡み合っています。出会った保護者の姿や関係だけでは、子育て支援に何が必要かはわかりません。子どもを中心にしたとき、どの部分を支援すれば子どもに向き合えるのか、支援内容の整理やそのためのヒアリングが必要です。そのためにもまずは、保育者が自分自身を相手に知ってもらう努力が必要です。

　保育者は、保護者のためによかれと思って発言したり、助言したりする場面が見受けられます。しかしながら、保育者は子どもの先生であり、保護者の先生ではありません。大人であり生活者である保護者に、専門家である保育者は大人としてどのように向き合うのか。何を課題として向き合うのか。子育て支援の内容を整理しておく必要があります。

　子ども家庭福祉の専門職としての保育者の意識と資質のためには、まずは「福祉職」であるという認識をもった人材の養成が必要です。すなわち、福祉として何を支援すればよいのか、子どもや保護者にとって必要な支援とは何かを考えられる人材です。保護者を点としてとらえるのではなく、保護者を含む家族を面としてとらえ、子育てに必要な支援が円滑な部分、ここを支援すれば円滑になるという予想や支援計画が立てられる人材です。また、保育者が一人でかかえこまないように、関係機関と連携できるマネジメント力や対応力の資質が求められます。

　本書は新人や若手の保育者が、保護者と良好なコミュニケーションをとるための考え方とヒントを収載しています。紙面にあるように、先輩保育者もたくさんの悩みや葛藤を経験してきました。みなさんも、保護者との対話や関係性に悩んだときには一人で悩まず、先輩方に相談しながら「自分でできることは何か」「自分では判断できないことは何か」を整理し、保護者と少しずつ向き合っていきましょう。すぐに答えが出ないことや保護者に寄り添い悩むこともまた、大切な子育て支援です。

大方美香

失敗から学ぶ 保護者とのコミュニケーション CONTENTS

監修のことば …… 3
はじめに …… 4
本書の特長と使い方 …… 9

第1章 先輩保育者も経験した保護者対応の失敗

失敗例1 自信たっぷりに保護者に説明したら、
「どうしてわかるんですか」と言われた …… 14

失敗例2 保護者からの質問を
確認し忘れてしまった …… 15

失敗例3 子どもを見ていてほしいと注意したら、
保護者に批判された …… 16

失敗例4 特定の保護者とばかり
仲よくしていると思われた …… 17

失敗例5 子ども同士のけんかの伝え方で
保護者との関係が悪くなった …… 18

失敗例6 遅れてきた親子を待たずに散歩に行ったら、
帰宅してしまった …… 19

失敗例7 発達が気になる子どもの伝え方で
信頼関係がこじれた …… 20

失敗例8 子ども同士のけんかの伝え方で
誤解を受けた …… 21

まとめ 失敗から成長できた私 …… 22

第2章 保護者とかかわるってどういうこと？

1 保護者を知らない保育者 …… 26
2 苦手意識が生まれる理由 …… 28
3 相互理解とは …… 30
4 「対話」ができないから失敗する …… 32
5 保護者の困りごとを知ろう
　　—— 子どもに関する悩み …… 34
6 保護者の困りごとを知ろう
　　—— 保護者自身の悩み …… 36
7 保護者の困りごとを知ろう
　　—— 社会的環境に起因する悩み …… 38
8 保育者に必要なアセスメント力 …… 40
9 大人が大人に接する際のマナーを忘れない …… 42

第3章 知っておきたい保護者対応の基礎知識

1 保育者と保護者の関係性 …… 46
2 保育者のマナー …… 54
3 保育者のコミュニケーションと基本スキル …… 64
4 場面ごとに異なるコミュニケーション …… 70
5 保護者の困りごとへの支援 …… 88

第4章 保護者とのコミュニケーション力を高めるワーク

Lesson1 表情のトレーニング …… 94
Lesson2 あいさつのトレーニング …… 95
Lesson3 立ち居振る舞いのトレーニング …… 96
Lesson4 伝え方のトレーニング …… 97
Lesson5 子ども理解のトレーニング …… 102

資料 …… 105

Read me

本書の特長と使い方

特長

- 保護者とのかかわりでのよくある失敗を通して、どのような心もちや態度で接すればよかったのかを考えます。
- 社会人として、保育者として、保護者と対等にコミュニケーションをとるための振る舞いについて解説しています。

使い方

第1章

先輩保育者が実際にあった失敗例を振り返り、あのときどのように対応すればよかったのかを考えます。日々の保護者との対話を振り返るきっかけにしてください。

失敗例1　自信たっぷりに保護者に説明したら、「どうしてわかるんですか」と言われた

新人のころ、「子どもの発達」について（インターネットに書かれた）情報の真偽を保護者から尋ねられました。間違っていると思った私は、「それは間違っていますよ」と自信たっぷりに伝えました。すると、「どうして先生にそんなことがわかるんですか」と、不信感をもたれてしまいました。

 振り返って…

保護者は、SNSやインターネットなどさまざまな子育て情報を得ています。こうした情報を正しいと信じている保護者もいれば、情報がありすぎて不安になっている保護者もおられます。

前者の場合、真っ向から否定すると、「どうしてわかるの？」と反発されかねません。「あとで調べてからお答えします」「ほかの保育者にも聞いてみます」など、丁寧に確認してから答えればよかったと思います。

 考察

- まず、保護者が何を求めているのかに「気づく」ことが大切です。正解を求めているのではなく、「子どもの発達」、つまり自分の子どもの育ちを気にしているのではないでしょうか。
- 自分が話すのではなく、保護者の言葉をうなずいてよく聞いてください。「聞いてもらった」という満足感を得られることもあります。

失敗例2　保護者からの質問を確認し忘れてしまった

朝の登園時、行事に関する配布物の内容に関して、保護者から質問があったので、「お迎えのときまでに確認しておきますね」と伝えました。しかし、保育に入ってすっかり忘れてしまいました。夕方のお迎え時、「あの件はどうでしたか？」と保護者にたずねられて「あっ！忘れてた」と……。

 振り返って…

すぐにメモをするなど、手順を考えて動けていなかったと反省しています。配布物に関する質問はよくあります。「保護者がわかるように書こう」と意識していても、忙しくて読む時間がない、内容が理解できない保護者もおられます。外国籍の家庭の「生活・文化」への配慮は、特に必要です。おたよりなどは文書だけではなく、口頭で説明したり、持ちものに関しては見本を提示するなどの創意工夫が必要だと思います。

考察

- 保護者との約束は、小さなことも確実に対応することが「信用」「信頼」につながります。
- メールやSNSの時代となった今、手書きの文字を読むことは、保護者にとって伝わりにくいともいえます。

Read me

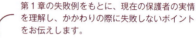

第2章

第1章の失敗例をもとに、現在の保護者の実情を理解し、かかわりの際に失敗しないポイントをお伝えします。

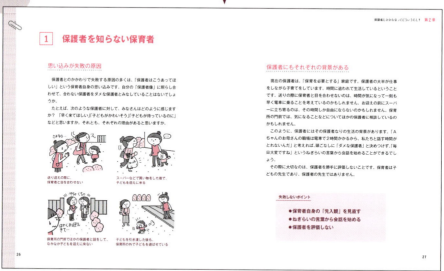

コミュニケーションの基本的な心構えや視点を紹介しています。保護者や地域の人たちに見られているという意識を忘れずに、今日から実践してみましょう。

第3章

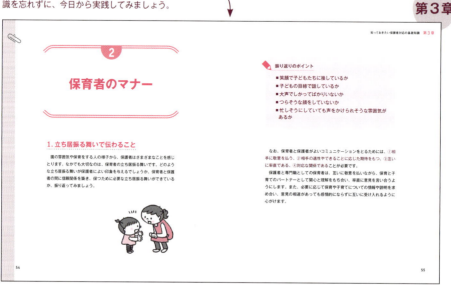

第4章

保護者と接する際、相手に好印象をもたれる立ち居振る舞いのトレーニングです。空き時間を活用し、実践してみましょう。

第1章

先輩保育者も経験した
保護者対応の失敗

先輩保育者が保護者と笑顔で話をしている様子を見て「先輩はすごいな」と感じたこと、ありませんか。
そんな先輩も、最初から保護者との信頼関係をつくることができたわけではありません。失敗から学んだからこそ、今の姿があります。
そこで先輩保育者に、保護者とのかかわりでの思い出深い失敗をあげてもらいました。みなさんにも同じような経験があるのではないでしょうか。

協力：有福淑子、大嶋健吾、玉川朝子、八重津史子
考察：大方美香

失敗例 1 自信たっぷりに保護者に説明したら、「どうしてわかるんですか」と言われた

新人のころ、「子どもの発達」について（インターネットに書かれた）情報の真偽を保護者から尋ねられました。間違っていると思った私は、「それは間違っていますよ」と自信たっぷりに伝えました。すると、「どうして先生にそんなことがわかるんですか」と、不信感をもたれてしまいました。

振り返って…

保護者は、SNSやインターネットなどさまざまな子育て情報を得ています。こうした情報を正しいと信じている保護者もいれば、情報がありすぎて不安になっている保護者もおられます。

前者の場合、真っ向から否定すると、「どうしてわかるの？」と反発されかねません。「あとで調べてからお答えします」「ほかの保育者にも聞いてみます」など、丁寧に確認してから答えればよかったと思います。

考察

- まず、保護者が何を求めているのかに「気づく」ことが大切です。正解を求めているのではなく、「子どもの発達」、つまり自分の子どもの育ちを気にしているのではないでしょうか。

- 自分が話すのではなく、保護者の言葉をうなずいてよく聞いてください。「聞いてもらった」という満足感を得られることもあります。

先輩保育者も経験した保護者対応の失敗　第1章

失敗例 2

保護者からの質問を
確認し忘れてしまった

　朝の登園時、行事に関する配布物の内容に関して、保護者から質問があったので、「お迎えのときまでに確認しておきますね」と伝えました。しかし、保育に入ってすっかり忘れてしまいました。夕方のお迎え時、「あの件はどうでしたか？」と保護者にたずねられて「あっ！忘れてた」と……。

振り返って…

　すぐにメモをするなど、手順を考えて働けていなかったと反省しています。配布物に関する質問はよくあります。「保護者がわかるように書こう」と意識していても、忙しくて読む時間がない、内容が理解できない保護者もおられます。外国籍の家庭の「生活・文化」への配慮は、特に必要です。おたよりなどは文書だけではなく、口頭で説明したり、持ちものに関しては見本を提示するなどの創意工夫が必要だと思います。

考察

- 保護者との約束は、小さなことも確実に対応することが「信用」「信頼」につながります。
- メールやSNSの時代となった今、手書きの文字を読むことは、保護者にとって伝わりにくいともいえます。

失敗例 3

子どもを見ていてほしいと注意したら、保護者に批判された

お迎えの時間、数名の保護者が子どもを園庭で遊ばせながら、おしゃべりをしていました。暗くなりかけていて危なかったので「子どもたちをちゃんと見ていてくださいね」と保護者に伝えました。その場は納得し、おしゃべりをやめて帰られたものの、後日、「しゃべってはいたけれど、子どものことは見ていたのに、保育者に注意された」という不満を聞きました。

振り返って…

保護者の方々はおしゃべりに夢中で、子どもをしっかりと見ていなかったと思います。しかしながら、仕事から帰って家で家事をするまでのほんの少しの時間、保護者同士で話をすることが、その保護者には必要だったのでしょう。

リラックスしている時間を遮ってしまったため、気分を悪くされたのだと思います。「保護者には自分の子どもをちゃんと見ていてほしい」という思いが強く出てしまいました。今思えば、保育者である私が子どもをきちんと見ていればすむことでした。

考察

- 保育者からみれば「保護者のおしゃべり」ですが、保護者にとっては仕事から解放され、家に帰るまでのつかのまの休息ともいえます。仕事から保護者に戻るターニングポイントともいえます。

- 一方で、安全への配慮は当然必要です。お迎え時は、誰もがいちばん油断している時間です。園内は、あくまでも保育所側の責任ですから注意しましょう。

先輩保育者も経験した保護者対応の失敗　第1章

失敗例 4

特定の保護者とばかり仲よくしていると思われた

新人のころは、保護者と早く信頼関係をつくらなければと必死になっていました。そんなとき、昔からの知り合いが偶然保護者としてかかわるようになりました。するとその保護者から「特定の保護者（自分）とばかり話していると皆から陰で言われている」という悩みが伝わりました。

振り返って…

無意識のうちに話しやすい保護者、苦手な保護者と決めつけてしまい、苦手な保護者は避けていたような気がします。そのため、話しやすい知人の保護者には気軽に声をかけ、ほかの保護者から不公平と思われてしまいました。どの保護者とも対話を心がけることが大切です。問題を抱えている保護者の相談は、先輩保育者が対応します。新人や若手は、むしろ「持ちもの」や「行事」についての質問を受けることが多いです。まずはそこから保護者への伝え方、信頼関係のつくり方を学んでいくとよいと思います。

考察

- 保護者は一人ひとり異なります。まずは名前を覚えて、名前をつけて「〇〇さん、お帰りなさい」と声をかけてみてください。保育者から声をかけてもらえることでまずはほっとします。仕事の疲れがとれる対応をめざしましょう。
- 「いやだな」と思うことは相手に伝わってしまいます。専門家として答えられないことは「先輩にも聞きます」と伝え、笑顔で応答するようにしましょう。

17

失敗例 5 子ども同士のけんかの伝え方で保護者との関係が悪くなった

子ども同士がけんかをしたとき、保護者にはけんかの経緯を説明せず「けんかをしましたが、子ども同士で解決しました」という結果だけを伝えました。その場は納得してくれたものの、翌日「うちの子は、『自分は悪くない』と言っている」と園にクレームがありました。

振り返って…

子どもは、家で保護者に話をするときには「自分は悪くない」「相手が先に手を出した」と、悲劇のヒロインになりがちです。そうすると、保護者は自分の子どもの言い分が正しいと判断します。そのような思い違いを防ぐためにも、保護者には結果だけを伝えるのではなく、けんかの経緯と園の対応をきちんと伝えるべきでした。

連絡帳で伝える方法もありますが、文章では伝わりにくいことがあります。保育者自身の声で、事実に基づき保護者に説明することを心がけたいものです。

考察

- けんかは、集団保育ではありえること、悪いことではないことです（ケガは保育の責任）。保育中の責任は保育者にあることを前提とし、子どもの活動（遊び）の姿を普段からよく見ていることが大切です。
- けんかはケガをしないことが前提ですが、子ども同士の「くやしい」「うまく伝えられない」葛藤や折り合いをつける経験は生きる力として大切です。

先輩保育者も経験した保護者対応の失敗　第1章

失敗例 6

遅れてきた親子を待たずに散歩に行ったら、帰宅してしまった

朝から散歩にいく日、遅れてきた親子がいました。ちょうど出かけるタイミングだったので、「先に歩いていますね」と伝えました。しかし、保護者は気分を害したようで、親子で帰宅してしまいました。いつも遅刻してくる親子でしたが、後で園長と一緒に、自宅に謝罪に行きました。

振り返って…

保護者はその日、家庭でトラブルがあり、余裕がないなかで遅れてしまったそうです。事情を理解しようとしないまま対応した結果、保護者との信頼関係を回復するのは容易ではありませんでした。

遅刻が多いと感じたとき、「なぜ遅れてくるのか」について保護者の立場に立って話をする時間をとっていたら、家庭の変化を察知することができたのではないかと思います。

考察

- 子育て支援の原則は保護者の理解です。親としてみる前に、一人の人間として、家庭や職場での状況を把握しましょう。日々の対話への傾聴が大切です。
- 遅れてきたことを指摘することは容易ですが、専門家は「なぜ遅れてきたのか」に気づこうとする気持ちが大切です。「次からは気をつけてくださいね」「よければ事前に連絡くださると安心です」といった言葉かけが大切です。

19

発達が気になる子どもの伝え方で信頼関係がこじれた

発達が気になる子どもがいましたが、診断を受けていませんでした。そこで保護者に、「病院を受診してみるように」と遠まわしに話しました。すると保護者は怒って、「うちの子どもは頭がおかしいといわれた」と言い、信頼関係がこじれてしまいました。

振り返って…

同じようなことが何度かあり、保護者への伝え方は難しいと感じました。最近は保護者もいろいろな情報を集めているので、保育者として「発達の遅れ」について伝えたときに「やっぱりそうですか」と言う保護者も多いのですが、まったく認めようとしない保護者も少なくありません。伝え方には今も悩みます。

考察

- 保護者の立場に立って考えたとき、素直に自分の子どもの気になる部分を受け入れられるでしょうか。指摘することが正しいのではなく、事実にもとづき、どのように育ちを保障していくのか、共に寄り添う意識が大切です。
- 気になる部分には目が向きがちです。その子の「いいところ」を見つけて保護者に伝えましょう。

先輩保育者も経験した保護者対応の失敗　第1章

失敗例 8　子ども同士のけんかの伝え方で誤解を受けた

　5歳児同士のけんかがあったとき、その経緯だけを保護者に伝えました。ところが、家庭で子どもから事情を聞いた保護者が「自分の子どもは悪くない」と言ってきました。「どちらが悪い・悪くないではなく、両方に責任がある」とお話ししたら、「うちの子どもにも責任があるということですか！」と、さらに保護者の誤解を招く結果になってしまいました。

振り返って…

　子どもは5歳ごろになると、園での様子を保護者に伝えます。子どもは自分が悪いとは言わないので、それを保護者が信じてしまうと、言えば言うほど園への不信感へとつながります。「言った、言わない」という悪循環になり、話し合いでは解決できなくなりましたが、時間の経過とともに何とか解決しました。

考察

- 保育中のけんかは保育のなかでの出来事の一つと考えましょう。子ども同士が勝手にけんかをしていたという傍観者の立場で話をしても、保護者の理解は得られません。
- けんかの事実を報告しつつ、その「葛藤」を通して、子ども同士の関係が決まったり、折り合いをつけることができたりという成長を伝えることです。また、子ども自身が学ぶような言葉かけも必要です。

> まとめ
失敗から成長できた私

40歳代
男性

保護者と真剣に向き合おう

在園中に多くの意見をくださった保護者であっても、卒園式では「先生、ありがとうございました」と言ってくださることが多いように思います。それは、保育者と保護者がともに大きな失敗やトラブルに真剣に向き合い、乗り越えてきたからではないでしょうか。

失敗やトラブルは、一人で考えていてもしんどくなります。ですから、園長や主任、先輩とチームを組んで、職員全員で悩みを共有し対応するほうがよいと思います。

50歳代
女性

保護者のありのままを受け止めよう

さまざまな問題を抱えている家庭に対して、保育者が毎日、「〇〇がないので持ってきてください」というようなことを伝え続けていました。その結果、保護者から「保育所に来ると嫌なことばかり言われる」と感情的にお叱りを受けたことがありました。保護者が仕事と子育てを両立するため毎日精いっぱいの状況で暮らしているところに、私たちの何気ない言葉が追い打ちをかけていたと気づかされました。

そのとき園で話し合ったのは、「保護者に何かをしてあげる」のではなく、ありのままを受け止めて、出会ったら必ずねぎらいの言葉をかけようということでした。時間はかかりましたが、声をかけ続けることで次第にその保護者も心を開いてくれるようになりました。

このように、保育のチーム力や共有、協働性は重要です。保育者は、園全体で情報を共有し支援することの大切さを学んでください。

60歳代
女性

保護者と一緒に子育てをしていることに自信をもとう

　保育者になりたてのころ担当した子どもは、今では40歳を過ぎています。それでも今も、当時の保護者が「あのとき先生に言ってもらったことが……」と覚えていてくださいます。

　子どもが保育所や幼稚園というはじめての社会に出たときに、保育者からかけられた言葉は印象的なのだと思います。保育者としてこんなにうれしいことはありません。保護者と一緒に子育てをしていたんだと改めて思います。保護者支援や子育てに正解はありません。心を込めて、今、自分にできることは何かを考えてください。保護者と共に悩むことも大切な働きです。続けていれば、必ずそういった気持ちになる日がきます。

30歳代
女性

失敗時の対応が信頼関係を強くする

　いろいろな失敗をしてきた今だからこそ言えますが、失敗やトラブルは保護者に自分のことを知ってもらったり、保護者のいろいろな面を知るきっかけになり、関係性が強くなる機会です。

　トラブルや失敗はないにこしたことありませんが、そのときの対応がその後の保護者との信頼関係に影響します。反省は大切ですが、ベテランであっても悩みはつきません。失敗を恐れずに前に進んでほしいと思います。

第2章

保護者とかかわるってどういうこと?

最近は子育て支援の重要性がいわれていますが、
「子育てを支援する」とはどういうことなのでしょう。
子育てに悩む保護者に、専門性をもつ保育者は
どのような働きかけをすることが大切なのかを考えます。

1　保護者を知らない保育者

思い込みが失敗の原因

　保護者とのかかわりで失敗する原因の多くは、「保護者はこうあってほしい」という保育者自身の思い込みです。自分の「保護者像」に照らし合わせて、合わない保護者をダメな保護者とみなしていることはないでしょうか。

　たとえば、次のような保護者に対して、みなさんはどのように感じますか？　「早く来てほしい」「子どもがかわいそう」「子どもが待っているのに」などと思いますか。それとも、それぞれの理由があると思いますか。

送り迎えの際に、
保育者と目を合わせない

スーパーなどで買い物をした後で、
子どもを迎えに来る

保育所の門前でほかの保護者と話をして、
なかなか子どもを迎えに来ない

子どもを引き渡した後も、
保育所の外で子どもを遊ばせている

保護者にもそれぞれの背景がある

　現在の保護者は、「保育を必要とする」家庭です。保護者の大半が仕事をしながら子育てをしています。時間に追われて生活しているということです。送りの際に保育者と目を合わせないのは、時間が気になって一刻も早く電車に乗ることを考えているのかもしれません。お迎えの前にスーパーに立ち寄るのは、その時間しか自由にならないのかもしれません。保育所の門前では、気になることなどについてほかの保護者に相談しているのかもしれません。

　このように、保護者にはその保護者なりの生活の背景があります。「Aちゃんのお母さんの職場は電車で2時間かかるから、私たちと話す時間がとれないんだ」と考えれば、頭ごなしに「ダメな保護者」と決めつけず、「毎日大変ですね」というねぎらいの言葉から会話を始めることができるでしょう。

　その際に大切なのは、保護者を勝手に評価しないことです。保育者は子どもの先生であり、保護者の先生ではありません。

失敗しないポイント

- ●保育者自身の「先入観」を見直す
- ●ねぎらいの言葉から会話を始める
- ●保護者を評価しない

2 苦手意識が生まれる理由

苦手意識は相手に伝わる

　保護者の生活が多様であることはお伝えしました。話しやすい保護者や苦手な保護者もいることでしょう。「このお母さん、苦手だな」と感じると、自分との間にいつのまにか距離が生まれ、ちょっとした世間話をするなどの親密さを形成できません。この感情は相手にも伝わるので「この先生、私やうちの子どものことが嫌いなのかしら？」と、不信感をもたれることになりかねません。
　このような苦手意識はなぜ生まれるのでしょう。たとえばみなさんは、次のような保護者は気になりませんか。それとも苦手ですか。

子どもの一日の様子を
根掘り葉掘り聞いてくる

子どもが擦り傷などのけがをすると、園長に直接クレームを伝える

保育者を子どもの
お世話係としか見ていない

忙しいときに限って話しかけてくる

保護者とかかわるってどういうこと？　第2章

仕事として保護者に向き合うにはスキルが必要

　ここにあげた保護者像に限らず、保護者を苦手と感じる理由は、保育者自身の対話嫌いや人見知りなどもあるでしょう。しかし、仕事として保護者に向き合う際には、相談援助・保護者支援のスキルを身につけ、個人的な好き嫌いを超えた対話をする必要があります。

　「保育所保育指針解説」には、「一人一人の保護者を尊重しつつ、ありのままを受け止める受容的態度が求められる。受容とは、不適切と思われる行動等を無条件に肯定することではなく、そのような行動も保護者を理解する手がかりとする姿勢を保ち、援助を目的として敬意をもってより深く保護者を理解することである」とあります（第4章 子育て支援　1 保育所における子育て支援に関する基本的事項）。ここでいう受容的態度とは、まさに相談援助の技法であり、これからの保育者に求められる専門性だといえます。

失敗しないポイント

- ●自分の生活感、子育て観を押しつけない
- ●好き嫌いで保護者を判断しない
- ●相談援助の技法を身につける

3 相互理解とは

対話は自分を知ってもらうことから

　保護者との対話を図る際、保育者は何を目標とすればよいのでしょうか。大切なことは、相手を理解しようとする姿勢です。単に保護者が気持ちよくなればいいということではありません。

　保護者と保育者相互の信頼は、保育者が相手を理解しようとすることから始まります。子育て支援は、子どもや保護者自身のこと（病気・協力者の不在・家事力の有無等）、保護者を取り巻く環境（経済・家族・仕事等）など、さまざまな要因が絡み合っています。出会った保護者との関係だけでは、何を支援するのかがわかりません。

　保護者が子どもに向き合うために、保育者は何をどう支援すればよいのか、その内容の整理やヒアリングには日常の何気ない対話が必要です。

　そのためにまずは、保育者が自分自身を知ってもらう努力が必要です。自分がどのような保育観をもち、子どもの成長をどのように支えていきたいのか、連絡帳や保護者会などを通して保護者に伝えていきましょう。

自分の保育観を押しつけない

　保護者の子育て観がわかれば、保育者は保育観との共通理解や違いへの対応ができます。そこから子どもを中心とした対話が生まれます。
　注意したいのは、保育者自身の保育観を保護者に押しつけないことです。新人や若手保育者が保育観を強く主張すると、「自分よりも年下で、子どももいないのに……」と、保護者が不信感をもつこともあります。
　「もう少し〇〇してみてはいかがですか？」「〇〇ちゃんのご家庭ではこうしているみたいですよ」など、選択肢の一つとして提案することで、保護者も「ちょっとやってみようかしら」という気になります。

失敗しないポイント

- 保育者自身を知ってもらう
- 保育観を押しつけない

4 「対話」ができないから失敗する

話し好きと対話能力は別

　多くの保育者から、「保護者を怒らせてしまった」という声が聞こえてきます。

　最近の若い保育者と話をして感じるのは、「話し好き＝対話能力」でないということです。自分の友だちや家族と話すのと同じつもりで保護者と接していると、いつの間にか相手が不機嫌になる、声が荒くなるというのです。これは、自分のことばかり話をしていて、相手の話を聞こうとしないことが原因の一つと考えられます。

　最近はメールやSNSでのやりとりが多くなり、面と向かって話をする機会が減っています。メールやSNSであれば、互いの言いたいことの応酬で成立します。しかし、相談があって声をかけたのに、保育者の話ばかり聞かされて相談ができなかったのであれば、保護者が頭にくるのも無理はありません。

32

相手が話しやすい話題を提供する

　まずは、相手の話を聞く姿勢をもつことから始めましょう。

　相手が話すのをじっと待っているだけではなく、「〇〇ちゃんは最近、ご家庭でどうですか?」などと、相手が会話を続けやすい話題を提供するようにします。その返答の様子から、保護者が何に困っているのか、問題をかかえているのかどうかを探ることもできます。

　「それでも会話が続きません」という保育者は、子どもの様子を会話の糸口にしてみましょう。第4章のワークを、子どもの様子を控えておくツールとして使ってみてください。

失敗しないポイント

- 相手の話を聞く姿勢をもつ
- 相手が会話を続けやすい話題を提供する

5 保護者の困りごとを知ろう
―子どもに関する悩み

保護者の困りごとを知る

　保護者とのコミュニケーションで大切な要素の一つに、「保護者の困りごとを知る」ことがあります。最近は、保育所における保護者支援・子育て支援の重要性がいわれているので、みなさんも意識していることでしょう。

　とはいえ、新人や若い保育者が保護者に「何か困りごとはありませんか？」と聞いても、保護者は「若い保育者に相談しても……」と思うかもしれません。

　そこでまずは、保護者がどのようなことに困っているのか、最近の保護者像をもとに考えてみましょう。

子どもに関する保護者の悩み

1. 子どもの欲求・サインがわからない（泣く・求める・行動）
2. 子どもの発達がわからない
3. 子どもとのかかわり方・言葉のかけ方がわからない
4. 子どものしつけの方法がわからない
5. 子どもの遊びがわからない
6. なぜほかの子どもと同じようにできないのかわからない

保護者の悩み解決の糸口は日常の保育にある

　保護者がこうした悩みをもっていると知ることで、対話の糸口になり、自身の専門性を高めることにもつながります。

　たとえば「1. 子どもの欲求・サインがわからない」では、子どもがなぜ泣いているのか、その理由を理解できない保護者がいます。保育者であれば、「おなかがすいたのかな」「おむつが濡れて不快なのかな」という見立てをしますが、それができない保護者は多いものです。

　乳幼児期には、こうした「泣かざるを得ない理由」があることを保護者に伝えるのも保育者の専門性といえます。

　「2. 子どもの発達がわからない」では、幼児雑誌や WEB などに掲載されている「〇歳で〇〇ができる」という一般的な発達の指標をもとに、暦年齢がくれば自然にできるようになると思っている保護者が多くいます。しかし、たとえば手づかみ食べからスプーンを使って食べるようになるまでには、物をつかむ、スプーンを口に運ぶ動作などのプロセスが必要です。保育者にはあたりまえでも、保護者には初めて知ることであり、ここで保育者の支援が必要となるのです。

　そのほか、保護者の子どもに関する悩みの多くが、日常の保育のなかでおこなわれていることです。つまり保護者は、保育者の専門性を求めているのです。

　この保護者の思いに応えるには、日常の保育を相手に伝える能力が求められます。

6 保護者の困りごとを知ろう
―保護者自身の悩み

保護者自身の悩みにも配慮する

　保護者自身の問題に起因する困りごともあります。
　人間関係が希薄な現代社会では、他人との対話に慣れていない人が増えています。これは保護者も同様です。その前提で考えると、ベテラン保育者と接することに気後れしている保護者がいる可能性もあります。「〇〇ちゃんのお母さん、ちょっといいですか？」と呼び止められると、それだけで身構えてしまうのです。
　声をかけたのに反応の悪い保護者がいても、「このお母さん、感じ悪いな」と思わず、「緊張しているのかもしれない」と受け止め、気持ちをほぐしていくことが大切です。

保護者自身の悩み

1. 自分自身が子どもと接触・人とふれあう体験が少ない
2. 自分自身の子ども時代の子育て体験と比較してしまう
3. 自分自身の自己解決力・自己コントロール力が低い
4. 自分自身の遊びの体験が少ない
5. 自分自身の家事力が低い

保護者の未熟さは経験不足も要因

　保育者は、昭和の「家族そろって食事」というようなイメージをもってはいないでしょうか。保護者は、自身の子ども時代の親子関係を振り返りながら自分の子育てをする傾向にあります。今の保護者世代はすでに少子化、核家族化が進み、大家族で育った人は多くありません。つまり、自分の育ちのなかで、歳の離れた小さい弟や妹の面倒をみたり、祖父母にいろいろ遊んでもらった経験がほとんどありません。そのため、子どもと一緒にどう遊んでよいかがわからず、ビデオや動画サイトを見せることになりがちです。

　食事については、コンビニエンスストアやファストフードの食事で育ち、家で作るというイメージをもちにくい方、また、仕事との両立という時間的な制約から毎日ラーメンやコンビニのおにぎり、お弁当を子どもに与えるという現実もあります。保護者の家庭での状況や子どもの環境を理解し、どう支援するかが「保育における子育て支援」です。単に保護者や家庭状況を否定したり、批判したりしないでください。だからこそ「養護と教育の一体化」であり、「食育」なのです。

7 保護者の困りごとを知ろう
―社会的環境に起因する悩み

保護者を取り巻く多様な悩み

　子育ての孤立、ひとり親家庭など、現代の子育ては周囲に相談できる身近な人がいないのが実状です。さらに少子化によって、介護と育児の両立や仕事など、子育て中の保護者の負担感は増加しています。少子化は、保護者一人への社会的役割をさまざまに求めてきています。そのような実状を考えつつ、一方では子どもを預かってもらえる場所や必要性へのすみやかな対応が追いついていない現状があります。

　「保育所保育指針解説」では、「子ども及び子育て家庭の抱える問題やニーズ、置かれている状況等を的確に捉え、個々の子どもや家庭にとって最も効果的な援助をおこなっていくことが求められている」とあります。

　経済的な悩みではひとり親家庭の貧困、精神的な悩みでは、精神疾患や産後うつなどがあげられます。身体的な悩みでは、自身の病気やドメスティック・バイオレンス、産後の体調不良等があります。

保護者を取り巻く社会的環境

1. 身近に相談する人がいない（家族・友人・地域・親戚等）
2. 家族の子育て参加、協力が得られにくい（祖父母・夫等）
3. 経済的な悩みを抱えている（本人・家族）
4. 精神的な悩みを抱えている（本人・家族）
5. 身体的な悩みを抱えている（本人・家族）

保護者とかかわるってどういうこと？　第2章

保護者の力になるために

　ここであげられている問題やニーズ、保護者が置かれている状況等が実際にはどのような実状かを知るには、保育者のアセスメント能力が求められます。

　そこで次に、保育に求められるアセスメントについて考えます。

●保育におけるアセスメント

　福祉では「アセスメント」があたりまえの言葉として使われていますが、保育ではあまり使われていません。しかしながら保育においても、子どもを「保育」として預かるまでの「生活としての子ども理解」「保護者自身の生活や本人への理解」が大切であり、そのうえで何を支援し、何を援助し、何を配慮するのかということが「アセスメント」として求められています。

　保育所や認定こども園の2号・3号の子どもは、支援の必要な立場であり、すべての保護者と子どもが支援の対象であるからこそアセスメントが必要になります。また、幼稚園の場合も入園までの子ども理解、保護者理解が育ちの保障としても求められ、家庭教育の支援として「子育ての支援」が必要です。「何を食べ」「どのような生活をし」「どのような人とかかわり」「どのような対話理解」であるかによって、子どもの育ちは変わるからです。決して、保護者の子育てを批判することではなく、事実に基づいて支援をすることがアセスメントとして求められていることを知ってください。同じ人間であり、子育て中の保護者であっても、生活者として抱える課題は、表面的にわかることではなく、内面性への理解が求められます。

39

8 保育者に必要なアセスメント力

保護者とのコミュニケーションにおける留意点

　保護者の困りごとを引き出したり、対話の糸口を見つけ出す際に必要なのは、アセスメントです。相談援助職には必須のスキルですが、保育分野において、相手から得た情報を統合・分析することの大切さはまだ発展途上といえます。

　そこで、保護者とコミュニケーションをとる際に留意すべき点をまとめてみました。

●相手の見えないニーズを探る

　保護者の話した言葉などの主観的情報と、保育者が対話から感じた客観的情報を照らし合わせて、相手の言葉の内面にはどのような思いが含まれているのかを探ります。

　たとえば、「最近は忙しくて、子どもにまともな料理を作ってあげられないんです」という保護者の言葉の裏には、「父親の協力を得ることができていない」不満や、「勤務先を変えたばかりで人間関係に疲れ、家でも家事をする余裕がない」という訴えが込められている可能性があります。

　こうした可能性に思い至ることができれば、「お父さんの協力は得られていますか」「仕事はどうですか」など、相手が言葉をつなぎたくなるような声かけをすることができます。

● 連絡帳の活用

　保護者との信頼関係がきずけていないうちは、連絡帳を活用するとよいでしょう。

　連絡帳は家庭と園を結ぶ有力なツールです。園では時間がなくて子どもの様子を聞けない保護者も、家に帰って連絡帳を読むことで日中の子どもの様子を知ることができます。また、送り迎えには来られない保護者には、園での子どもの様子を伝えることができます。

　連絡帳を書くコツは、出来事を端的に、事実のみを書くことです。保育者の主観を書く場合も、事実と主観的情報を区別して書きます。

　なお、連絡帳に記入の少ない家庭に対しては、「連絡帳も満足に書けないなんて！」と判断するのではなく、書けない理由があると思って接することが大切です。

9 大人が大人に接する際のマナーを忘れない

「大人同士の対等な関係」という意識が大切

　最後にふれておきたいのが、保育者としてのマナー・接遇です。

　毎日子どもと接している保育者は、「保護者は子どもの延長線」ととらえがちです。しかし、保護者は一人の社会人です。「大人と大人の対話」が必要とされ、人としての接し方、マナーが求められます。

　保育現場では、歴史的背景もあって、「保育に欠ける子ども」「預かってあげている」「保育をしてあげている」という認識がまだみられます。児童福祉法も改正され、「保育を必要とする子ども」となった意味を考えてください。専門性としての保育、子育て支援であり、そのなかでの保護者支援です。保護者が納得し、安心して子どもの保育を任せられることを目指しましょう。

保育者に求められる保護者とのかかわり

　まずは、保育者と保護者は、「大人同士の対等な関係」であるという意識を常にもちましょう。それによって、対話するときの言葉づかいや姿勢、態度が変わるはずです。

　具体的なマナーや作法については次章でお伝えします。

　保育者と保護者は大人同士の出会いです。つまり、保護者である前に一人の人間であるということです。人と人の出会いのなかで、相手のおかれている状況への理解が大切です。「あなたは親でしょ」「子どもがかわいそう」と考えてはいないでしょうか。なぜ保護者支援や子育て支援が必要なのでしょうか。児童福祉法が改正され、「社会全体で子育てを支援する」ということへの理解が大切です。

　保育は「養護」を前提と、「養護と教育の一体化」と保育所保育指針で述べていることは、単に子どもを預かるのではないということです。生活、遊びを通して「何を育てているのか」「何が育つ時期（発達過程）か」を考えて保育をしましょう。そして、そのことを（連絡帳や対話を通して）保護者に伝えましょう。保護者に「何かをしてあげる」のではなく、保育を通じて「子どもとはこのような存在」ということを示しながら、「子育てって何が大切か」という子育て支援につながるように目指してください。

第3章

知っておきたい保護者対応の基礎知識

この章では、保育者が保護者とかかわる際の考え方、姿勢、具体的な立ち居振る舞いのきほんを確認します。園や保育者にとっては当たり前のことでも、保護者がそれを理解しているとは限りません。
保育の質の向上を図るためには、保護者にいかに理解してもらいながら保育を進めていくか、いかに子育てを共有していくかが重要です。

1

保育者と保護者の関係性

1. 保育者と保護者は対等

　保育者と保護者は保育と子育てのパートナーとして日々、子どもの育ちをともに認め合う対等な関係であることが基本です。保育者と保護者が保育や園について異なる考えや意見をもっているとしても、子どもの育ちや幸福、最善の利益に対してはともに責任を負う立場であることを念頭において、互いを受け入れる姿勢が必要です。

保育所は児童福祉施設であり、利用者である保護者に選ばれる立場にあります。いま、子どもが保育所に入園するには、保護者自身が園を選ぶことから始まります。そこで園は、利用者が選択する際に必要な情報を提供します。また入園してからも、保育サービスの内容や保育に関する情報を提供し、乳児・幼児の保育に関する相談や助言をおこないます。こうした保護者への支援は園長や主任だけの役目ではなく、すべての職員がかかわるべきという認識が必要です。

　そのため保育にかかわる人には、保護者が園を信頼し園に対する満足感を高めてくれるよう、子育て相談や助言の基本として、相手の思いや気持ちをくみとる援助技術が求められます。

　もともと保育所の保育者と保護者は、子どもを「あずかる―あずける・あずかってもらう」という間柄です。それは、「（保育サービスの）提供者―利用者」という対等な関係です。保育の対象は子どもですが、保育サービスの利用者は保護者です。子どもを「あずかってあげる」と思うのは間違いで、子どもだけをみていればよいのでもありません。

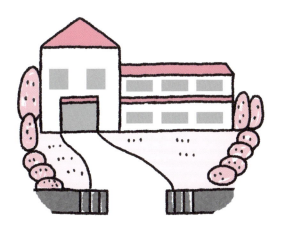

保護者の「利用者としての意識」の程度に違いがあるのは当然です。必要な説明を求める保護者にはていねいに接し、園や保育について理解してもらいながら、互いに十分に協力し合うことが必要です。

　園は、子どもが生活時間の大半を過ごす場所です。その環境や保育内容が、子どもの安全や健康面だけでなく発達にも影響を与えることは明らかです。このことを知る保護者も多くなり、子どもの入園にあたっては、できるだけよい園を選ぼうとしています。園見学に始まり、入園してからもその環境や保育内容を確認することは、保護者にとって当然のことになっています。

　「よい保育施設の選び方 十か条」（厚生省児童家庭局保育課　平成 12 年 12 月）には、「保育する人の様子」や「保育の方針」についてのチェック項目があります。保護者に評価されるポイントを理解し、適した動きができているか見直してみましょう。また、チェック項目にあるような質問を保護者から受けた場合、どのように説明できるか考えてみましょう。

よい保育施設の選び方　十か条 <small>（一部抜粋）</small>

- 保育する人が笑顔で子どもたちに接しているか、見てみましょう
- 保育する人は、子どもの目線で話し、子どもと笑顔で接していますか
- 大声でしかってばかりいませんか
- 保育する人がつらそうな顔をしていませんか
- 園長や保育する人から、保育の考え方や内容について、聞いてみましょう
- 連絡帳などでの家庭との連絡や参観の機会などがあるか、聞いてみましょう

※出典：厚生労働省資料より一部抜粋

2. 学生時代の延長になっていないか

　園や保育者は、保護者が園に子どもを入園させた時点から、子どもの育ちの責任をともに担う関係になります。保護者と保育者は子どものために信頼関係を築き、支え合わなければなりません。

　この信頼関係は、自然に生まれるものではありません。信頼関係を築くために保育者は、保護者が園や保育をどのように捉えているか、またその見方を理解することが必要です。

 保護者との信頼関係を築くために理解しておきたいポイント

- 園と保育者に対する保護者の捉え方やその見方
- 保護者の役割、保育への参加、園の組織や運営に対する保護者の捉え方やその見方
- 園での遊びや活動について保護者に適した情報を十分に提供しているか、提供しようと工夫しているかどうかについての、保護者の捉え方やその見方
- 保護者に対する気の配り方や専門職としての保育者の態度についての、保護者の捉え方やその見方

保育者は、保護者それぞれの捉え方や見方を理解することで、保護者とのコミュニケーションを保ち、信頼関係を築いていきます。

　一方で保護者は、子どものクラスやグループでおこなわれていることを知り、自分の子どもがおこなっていることには「自分もかかわっている・加わっている」と感じることが必要です。

　これからの時代は、保育にさらに保護者を引き込むことが望まれています。専門職としての保育者と保護者が連携し、園と家庭との双方向のやりとりで、子どもの24時間の生活を担っていくためです。

　保護者が保育に「自分もかかわっている・加わっている」と感じること、保育者とよいコミュニケーションを保つことが重要なのは、次のような理由によります。

- 保護者にとって、自分の子どもの生活ぶりを知ることは当然の権利である。一般的に保護者は、子どもが園で友だちやグループとどのように過ごしているかに強い関心がある

- 保護者は、子どもの情報を保育者に伝えることができる。基本的に子どもをいちばんよく知っているのは保護者であり、その子どもにはどんなやり方が合うのか、家庭ではどんなやり方をしているのかなどを伝えてもらうことは、子どもと保育者の関係づくりにも役立つ

- 園と家庭での生活の仕方や子どもとの接し方の違いをできるだけ小さくすることができる。人とのかかわり方の原則（問題行動への対処の方法、人を叩かない、不必要な大声を出さないなど）は、保育者と保護者で一致・調和させる必要がある。たとえ園と家庭でやり方が違う場合でも、互いに違いをはっきりと理解しておく

- 多様に異なる文化背景をもつ保護者や家庭からの情報を知ることができる。園と家庭の生活の仕方・保育スタイルについての違いを理解する

- 子どもが園でしたことに保護者が関心をもち、家庭で子どもと話し合うことができる

- 保護者は、子どもが園やグループでしたこと・学んだことを家庭で話し合うことにより、学びを確実にする手助けができる。たとえば、つくった絵や作品を一緒に見る、一緒にゲームをする、歌や手遊び、言葉遊びをくり返す、絵本や物語を読み聞かせるなどが考えられる。保護者会等で家庭での親子あそびについて考え合うこともできる

3. 保護者の多様性がみえているか

　子ども一人ひとりが異なるように、保護者も一人ひとり多様な背景と価値観をもって生活しています。したがって園や保育者に求めるもの（ニーズ）やその内容も違います。

　保育の場は、たくさんの人がそれぞれの立場でさまざまにかかわっています。たとえ同じ場面に居合わせたり、同じようなできごとに出会ったとしても、人それぞれの解釈や感じ方があります。

　保護者とのコミュニケーションを確立するには、保育者と保護者の間にどのようなマイナス要因が働くことがあるかを知っておくことが大切です。保育者と保護者の双方に勝手な思い込みや決めつけがあるかもしれません。保育者は、保護者に対しての自分自身の立場をいつも確認できるよう、以下のような点を自問してみるとよいでしょう。

- 私はその保護者にどうみられているのか。単なる子守りとみられているのか、信頼のおける保育者としてみられているのか

- 園や自分のクラスは、保護者に対して開かれているか。保護者にわかりやすいように十分に情報提供しているか。情報を得る機会を提供しているか

- やりとりの期間やタイミングは保護者にとって都合のよいものか。またその雰囲気は堅苦しいものか、気軽なものか

- 保護者とのふれあいの質はどうか。自然で自発的なものか、決まったときに限定されているか。どちらかが一方的であるか、対等性があるか

保護者とのコミュニケーションは、いつでも容易にできるわけではありません。なかには支援の難しい保護者もいます。コミュニケーションの難しい原因が保育者や保護者にある場合と、園の組織と運営に問題がある場合があります。たとえば、以下のような場合にコミュニケーションが難しくなりがちです。

● 外国籍の子どもが多く、言葉の壁など文化的な背景が日本と異なる

● 家族に社会的・経済的な問題（家計や住居など）や社会心理的な問題（家庭内の問題、病気）がある

● 保護者自身の生育に保育施設等での好ましくない経験があるなどで、子育てに積極的に取り組めない

● 保育者と保護者のどちらか、あるいは双方が、ほかのことに忙しくて時間に余裕がない

● 保育者や保護者のもつ文化や家庭生活の個々の特質に、十分に理解を示せない

● 保育者または保護者が自分の教育能力やほかの人の教育能力を過大評価している。あるいは、過小に評価している

● 保育者または保護者が相手に心を閉ざした態度をとっている

● 園の組織と運営が貧弱である（保護者への依頼内容がはっきりしない、規則の適用にあたってグループや個々に違いがあるなど）

● 保護者にとって園に関する情報が少なく、保育者にとって子どもの家庭背景に関する理解が乏しい

2

保育者のマナー

1. 立ち居振る舞いで伝わること

　園の雰囲気や保育をする人の様子から、保護者はさまざまなことを感じとります。なかでも大切なのは、保育者の立ち居振る舞いです。どのような立ち居振る舞いが保護者によい印象を与えるでしょうか。保育者と保護者の間に信頼関係を築き、保つために必要な立ち居振る舞いができているか、振り返ってみましょう。

振り返りのポイント

- 笑顔で子どもたちに接しているか
- 子どもの目線で話しているか
- 大声でしかってばかりいないか
- つらそうな顔をしていないか
- 忙しそうにしていても声をかけられそうな雰囲気があるか

　なお、保育者と保護者がよいコミュニケーションをとるためには、①相手に敬意を払う、②相手の適性やできることに応じた期待をもつ、③互いに率直である、④対応な関係であることが必要です。

　保護者と専門職としての保育者は、互いに敬意を払いながら、保育と子育てのパートナーとして関心と理解をもち合い、率直に意見を言い合うようにします。また、必要に応じて保育や子育てについての情報や説明を求め合い、意見の相違があっても感情的にならずに互いに受け入れるように心がけます。

2. あいさつの意味と効果をわかっているか

　あいさつとは、人と会うときや別れたりするときなどに使う言葉や動作です。

　子どもは、保育者と自分の保護者があいさつを交わす姿を見て、あいさつをすること自体や人とやりとりすること、互いに認め合うことの基本を身につけます。また、子どもは自分の保護者と親しくかかわる大人に親しみを感じるので、子どもとの信頼関係を築くためには、まず保護者と積極的にかかわることが大切です。そのきっかけがあいさつでもあります。

　一方、保育者と保護者の関係において、あいさつは子どもを「預ける－預かる」手続きの意味があります。たまに、文化的な背景の違いであいさつをする習慣がないこともあります。そのような場合、登園した際にあいさつをすることには、子ども連れてきたことを知らせたり、健康状態や子どもの様子を確認する意味があることを伝え、保育者のだれかには必ずあいさつをしてくれるように頼みます。

　また、あいさつをくり返すことによって、保護者の状況を確認できます。あいさつをする際の保護者の態度のちょっとした違いから気づくことは多いものです（疲れている、イライラして子どもにきつく接している、時間がなくて急いでいる、仕事が忙しそう、家族の関係がうまくいっていない様子など）。こうした気づきが、保護者が抱えている問題にたどり着く糸口になることもあります。

　さらに、あいさつをきっかけとして、相手に関心を寄せていることを伝えることもできます。逆に、あいさつをしてくれない、目を合わせてもくれない場合には、何か大きな理由があることも考えられます。

3. 電話応対だからわかってしまうこと

保育所は、出入りする人が多いのと同様に、さまざまな電話を受けます。

電話対応は、出た人がどんな状況の誰であっても、園の代表とみなされます。ですから受け答えは誠実に、心を込めておこないます。とくに電話の相手を待たせている間に、電話口から漏れ聞こえる声や相談している声は、相手にとって気分のよいものではありません。

自身の生活経験で電話をする機会が少ないならば、社会人のマナーとして基本的な電話の受け方（メモの取り方、伝え方）やかけ方について場面練習をして、緊張なく対応できるようにしましょう。

基本的に保護者が園に電話連絡をする内容と方法は、入園時などに保護者に一定の規準を示していることでしょう。日々の保育にかかわる用件は、児童の欠席連絡、事情により送迎の人や時間の予定変更やその他緊急連絡などですが、確実に受け答えをして担当者に伝えます。伝言を受けた内容は、後で保護者に直接に確認することも大切です。

保護者とのおもな電話連絡への対応は、次の通りです。

●事情により迎えが遅くなる保護者への電話対応

困った感じを口調に出さず、「安全に気をつけてお越しくださいね。○○くんと一緒に待っていますね」など、安心してもらえるよう、落ち着いて伝えます。

●児童の発熱や体調の変化で、 保護者に早めの迎えの依頼をする場合

状況の経緯と子どもの状態を確実に伝えます。保護者が迎えに来ることができる時間を確認して、迎えを待つ間の保育についても伝えておきます。

保護者や家庭への緊急連絡情報の管理と対応の把握、園の内線、園外保育時の携帯電話の扱いなどは、園のルールを確認しておきます。

4. 身だしなみに気を配っているか

　保育者としての基本的なマナーは、社会人のマナーとしてあたりまえのことばかりですが、おろそかになってないか常にチェックしましょう。

　保護者と保育者が互いへの配慮として、清潔感のある身だしなみであることが第一です。とくに保育者は、保育の場面に応じた服装と立ち居振る舞いが望まれます。

●通勤時の服装

　保護者や地域の人から注目されています。園の外にいるときでも、地域の住民に園や保育者を理解してもらう要因になることを意識して、身だしなみや歩き方に意識が必要です。

● 保育時の服装

　活動的なスタイルがよいことはいうまでもありませんが、いつもジャージだったり、だらしない格好をしていたり、そで口などの汚れが目立つのは望ましくありません。
　子どもはこまめに着替えさせていても、保育者は園庭でも保育室内でも同じ服装やエプロンのままではありませんか？　同じ服装やエプロン掛けで、外あそびも給食の配膳も午睡の寝かしつけもしているのは、清潔面からみても適切ではありません。保育者が子どもの豊かな感性を育む人的環境である点においても適しているかどうかはいうまでもありません。

● 保護者会・懇談会・式典など

　保護者会・懇談会の服装の規準は園によって異なるでしょうが、入園式・卒園式は、子どもや保護者にとっては育ちの大きな節目になるものです。セレモニーにふさわしい服装と立ち居振る舞いで礼をつくします。
　保育者のいつもと違った姿や式典の雰囲気は、子どもの目からみても特別で、心に残るものになります。

5. 掃除と清掃

　園舎や園庭、保育室は、保育の場であり、子どもの日中の生活の大半を過ごす場所です。清潔であるだけでなく、活動しやすいこと、子どもの目からみてどこに何があるか一目瞭然であることが、保育室の環境構成の原則です。

　これらを考慮したうえで、活動によって動かす場所、動かさないほうがよい生活にかかわる場所、子どもと一緒に片づけたりアレンジする場所などを大まかに決めておきます。それらの場所に応じた片づけ方、掃除の仕方で整えていきます。

　気をつけたいのは、生活にかかわる個人のロッカーや持ち物を置く場所、送迎表の設置場所などです。これらは保護者も日常的に使ったり目につく場所なので、清潔にするのはもちろん、大人の目線でもわかりやすい整頓された場所に設置します。

●保育の内容、基本的な生活習慣を身につける

　子どもが身につけるべき生活習慣の片づけや整頓ですが、保育者自身が、掃除の仕方として環境整備のルールを決めておきましょう。

　手順は、部屋の換気⇒整頓⇒掃除⇒仕上げをして、環境整備が終了したら環境構成に移ります。

知っておきたい保護者対応の基礎知識　第3章

●子どもや使う人々と共有したいこと

- 掃除をすると秩序感や心地よさを感じる
- きれいに大事に使おうという気持ちをもつようになる
- 小さな変化（異変・異常）にも気づきやすくなる
- 安全が保たれる

●掃除道具の扱い方や管理の方法

　環境整備のチェックリストをつくり、確実に仕上げていく方法があります。道具の扱い方についてもマニュアルを作成し、職員同士や子どもと共有することで、子どもにとっても掃除の習慣を身につけることにつながり、家庭への還元になります。

61

6. 来園者への応対

　保育所には、毎日多くの人が出入りします。子どもの送迎にかかわる人だけでも、父母、祖父母、年上のきょうだい、いとこ・親戚、地域の子育て支援の人など多様です。これら以外にも、保育所のもつさまざまな機能に応じてさらに多くの人が保育に参画し、園に出入りしています。

来園者の多様な意図

- 専門職種間の連携による保育の充実が求められているため、日常の保育にかかわる人だけでなく、必要な専門職の出入りがある
- 地域子育て支援のプログラムでは、園児以外の親子が園を訪れる
- 次世代育成の視点からみると、中学生以上の実習生、就職を希望する学生の園見学もある
- 子どもを入園させるために、親子が見学をする

　園への訪問者に対しては、必要以上に緊張せず、自然な姿を見てもらうことが大切です。その一方で、子どもとのやりとりやふとした表情が見られていることを意識することも必要です。
　大切なのは、保護者とのコミュニケーションに対して保育者が敏感に反応できる姿勢です。保護者の言うことに応える、いつでも役に立てる、適切に応答するなど、保護者に信頼と敬意を寄せて安心できる雰囲気をみせます。

知っておきたい保護者対応の基礎知識　第3章

7. 散歩などの外出時の対応

　保育者は、散歩や園外保育など子どもと一緒に外出する機会が多くあります。園外での姿は、保育所の代表としての立ち居振る舞いが求められます。

　また、園外では子どもとかかわったことのない人も多く、保育者は子どもを常に見ておくべきと考えている人など、子どもと保育者を見守る目線は温かいものばかりではないことも知っておく必要があります。

外出時に気をつけたいこと

● 大声で話しかけたりしかりすぎる、子どもの腕をグイッと引っ張るなど、安全面を重視する以上の過度な振る舞いは慎む

● 地域の人たちに常に見られているという意識をもつ。子どもへのかかわり方、言葉づかいは特に、その場だけを見た人は、いろいろな受け取り方をするため、余計な誤解を招かないようにする

● すれちがったらあいさつを欠かさない。地域の人たちとのあいさつの仕方、具体的な言葉でのやりとりを見せることは、子どもにとっての学びにもなる。あいさつは、保育所に来る機会のない地域の人に、保育所や子どもの存在を知らせることができる

● 地域の人たちの日常を知ることで、普段協力してくれる人たちとのコミュニケーションを円滑にする

　マナーは、保育所の外に出たときにより一層意識する必要があります。通勤時の振る舞いを含めて、地域とのコミュニケーションを育むことが保護者とのコミュニケーションの上達にもつながります。

63

3 保育者のコミュニケーションと基本スキル

1. 話し方

　保護者とのコミュニケーションは、友だちのように慣れ親しんだ関係になることに意味があるのではありません。ともに子育てを担うパートナーとして、①保護者へ寄り添う気持ちを伝える、②いつも気にかけていることを伝える、③保育と子どもに関して必要なことを伝えることを重視します。そのためには、話し方に注意する必要があります。

●言葉づかいは適切か

　保護者と話すときには、言葉づかいに注意します。言葉は耳から入る情報なので、言葉の意味以前に、話し方に気をつける必要があります。きちんとしたていねい語または敬語で正確に話し、不適切な言いまわしは避け、抑揚、声量などにも配慮します。

　なお、保育者にありがちなのが、子どもに対するような語り口調で話してしまうことです。それでは、保護者を対等に見ていることにはなりません。また、大声で話すことが癖になっている保育者もいます。保育者同士でチェックし合って、よりよい話し方を身につけましょう。

●言葉以外の表現は適切か

　うなずき、あいづち、表情、態度、身振り手振りなどの非言語的コミュニケーションは、言葉に添えてこちらの気持ちを伝えることができます。これらの表現が適切でないと、伝えたいことがうまく伝わらないこともあります。言葉で伝えたい内容に一致しているかどうか、無駄な動きがないか気を配りましょう。

　自分ではわかりにくいものだけに、保育者同士でチェックし合うとよいでしょう。

●話すときの姿勢や目線

　相手と目線を合わせることで、相手を尊重している姿勢が伝わります。目線を合わせるために立ったり、座ったり、相手のほうに移動したりしましょう。体を動かすことができなかったり、手がふさがっていて相手の目線に合わせることができない場合には、「すみません」とひと言加えるだけでも、相手が受ける印象は変わります。

2. 姿勢（立ち位置）

　保育者は保護者とともに、子どもの成長の過程につきあい、育ちを認め合う間柄にあります。保護者との信頼関係を築くためのポイントを考えてみましょう。

対等な関係であることを理解する

　保護者と保育者は、大人同士の対等な関係です。子どもとの会話では「〇〇くんのお母さん・お父さん」であっても、保育者には「〇〇さん」と呼んでほしいという考えの人もいれば、「〇〇ちゃんママと呼んでほしい」「どちらでもかまわない」という人もいます。

　このように呼び方ひとつでも、さまざまな捉え方があるのです。多様な考え方をもつ一人ひとりの大人が保護者であり、対等なパートナーシップを築く相手であることをまず理解しましょう。

Point2 日ごろのやりとりの積み重ねが重要

　日ごろの保護者とかかわりが積み重なって信頼関係が生まれます。あいさつを欠かさないこと、笑顔で対応すること、やわらかな物腰や雰囲気、送迎時にちょっとした会話があること、子どもの様子をよく伝えてくれること……。保護者にとっては、こうしたことが安心感となり、保育者への信頼につながっていきます。

 Point3 トラブル対応は誠実に

　子ども同士のけんかの対応、園でのけが、持ち物の紛失、発病時の連絡などは、正確かつていねいに説明します。また、同じトラブルを避けるための対応策も合わせて伝えます。トラブルが起こること自体は仕方ありませんが、大切なのはその対応。保護者が「誠実に対応してもらった」と実感できることが肝心です。

3. バイスティックの７原則

　相談支援の対人援助技術のひとつに「バイスティックの７原則」というものがあります。個々の保護者の思いや欲求を汲み取り、ていねいに向き合う支援をおこなう場合に必要な技術です。

❶ 個別化の原則
　「他人と一緒にしないで、いまの私のことを聞いてほしい」という思いに応えます。保育者からみれば多くの保護者に共通する課題でも、保護者一人ひとりにとっては個別の問題です。「他人と一緒にしないで、今の私のことを聞いてほしい」という気持ちに真摯に向き合い、各家庭の状況を理解し、個別の問題ととらえて支援します。

❷ 意図された感情表出の原則
　「感情を自由に出したい、がまんしたくない」という思いに応えます。保護者が自分の気持ちや思いを自由に出せるように支援します。

❸ 統制された情緒の関与の原則
　「自分の気持ちに共感してほしい」という思いに応えます。保護者は非難や反論、アドバイスがほしいのではありません。あくまでも受け入れるというスタンスで支援します。

❹ 受容の原則

「ありのままの自分を受け入れてほしい」という思いに応えます。保護者を価値ある存在、ひとりの人として認めながら支援します。

❺ 非審判的態度の原則

「責められたり、裁かれたくない」という思いに応えます。保護者の行動について注意したり、責めたり、よい悪いの判断をしないようにします。

❻ 自己決定の原則

「自分で決めたい」という思いに応えます。保護者がどうしたいのか、何を希望しているのかを明確にする手だてや見通しを保護者自身でもてるように支援します。

❼ 秘密保持の原則

「相談した内容は秘密にしてほしい」という思いに応えます。たとえ家族であっても秘密を知らせない・漏らさないことが、信頼関係を保つ基本です。

4 場面ごとに異なるコミュニケーション

1. 朝の送り

　保育所の場合、それぞれ家庭によって送迎の時間帯に幅があります。どんな時間帯であってもていねいにあいさつをすることで、保護者は安心して子どもを預け、それぞれの仕事や社会生活に出向くことができます。
　子どもに対しては、特定の子どもだけでなく、どの子どもに対しても一人ひとり顔を見てあいさつしましょう。
　なお、登園時は視診（健康観察）の時間であることも意識します。子どもに対してはもちろん、保護者に対しても顔を見てあいさつするようにし、様子を確認します。

- 休日明けの日や欠席後の登園時はとくに、「待っていたよ」「元気になってよかったね」など、心を込めた言葉で迎える

- 子どもの体調、送迎の予定などの連絡は、端的に手短に済ませる。忘れてならないことは、連絡帳や送迎表への記入を利用する。口頭での連絡が必要な場合でも、要領よくする

- 忙しい朝の時間に込み入った話をすることは、ほかの保護者とのやりとりにも迷惑がかかるので、互いに避ける

- 保護者に抱かれてなかなか離れられない子どもには、「お母さんの抱っこはうれしいね」などと子どもの気持ちを受け止め、子どもが好きな遊びに誘うなどして、気持ちを切り替えられる言葉をかける。保護者には「少し泣いたら落ち着きますから、安心してお任せくださいね」などと伝える

- 毎日いつでも保護者を応援する気持ちを込めて「いってらっしゃい」と送り出すことが、保護者にとっても安心感につながる

2. 夕方や夜のお迎え

　その日1日のさまざまな出来事を終えて、子どもを迎えに来る保護者の気持ちを想像してみましょう。保育者からの「お帰りなさい。お疲れさまでした」のひと言が、保護者の疲れを癒すことになるかもしれません。
　保護者にはまず、子どもの顔を見て「ただいま、帰って来たよ」と、長い1日を保育所で過ごした子どもとの再会を喜んでほしいと伝えておきましょう。
　迎えに来る保護者とのやりとりも、帰宅後の夕食から就寝までの諸々に影響しないよう、端的かつ手短かにすることが大切です。

● 迎える

　その日にあった出来事や遊び、がんばっていたことのエピソードなどを伝えます。

● トラブル対応

　けんかや子ども同士のトラブルなどは、子どもから聞くのと、保育者から聞くのでは大違いです。誰に何をされたというのではなく、どのような対応をしたのか確実に伝えます。

●ケガの対応

いつ、どこで、どのように起きたか、処置のしかたとその後の子どもの様子、医師の診察を受けた場合の報告は、診察内容と投薬等、その後の子どもの様子も併せて伝えます。

●子どもの体調の変化

元気がない、下痢や腹痛、発熱、嘔吐などの有無を伝えておくと、帰宅後の夜間時に具合が悪くなるかもしれない等の予測がつきやすくなります。「おうちでも様子をみていただけますか」など、具体的に注意すべきことを伝えましょう。

●見送る

「さようなら、また明日ね」と、明日につなげる気持ちを込めて見送ります。

3. 送迎時の保護者のマナー

　保育所や幼稚園、認定こども園などから出る音や送迎時の問題などで、地域とのトラブルがみられるようになっています。近隣からの苦情として多くあげられるのは「送迎時の保護者のマナー」です。これは、自転車の走行マナー、路上駐車、保護者の立ち話の話し声などです。

　子どもの健やかな育ちのためには、地域との共生は欠かせません。苦情等を大きなトラブルにしないためにも、園から保護者への協力を依頼し、保護者の一人ひとりが意識を高め、行動してもらうよう伝えていきます。

●基本的なルールを伝える

入園時、新年度の説明会などは最初のルール共有の機会です。そこで、保護者に対しては、園から送迎時の協力依頼をします。保護者も園の一員であることを意識してもらい、地域との良好な関係を築く担い手であることを伝えます。

●苦情があったり、ルールが守られなくなり始めたとき

地域との信頼関係を損なう言動は、見かけたときにその都度伝えます。園全体として掲示で知らせたり、保護者会、保育参観日などの行事や節目をみて伝えていきます。

しかしながら、保護者同士の交流として、ちょっとした立ち話は子育てに必要な情報交換の場や気分転換にもなっています。園内の玄関ホールや廊下などに机や椅子を置いて交流スペースを設けたり、玄関近くに遊び場として利用できる広めのスペースを整えている園もあります。

4. 連絡帳でのやりとり

　連絡帳は、家庭と園の子どもの姿の記録です。とくに細やかな配慮と援助が必要な０・１・２歳においては、連絡帳は園と家庭が子どもの姿を共有しながらその育ちを見守るためのツールとなります。また、連絡帳を通して家庭での姿を知ることで、低年齢の子どもをもつ保護者の子育て不安の解消に役立てることもできます。
　連絡帳では、次の点をおさえるようにします。

●子どもの健康状態を把握する

　子どもの今日の保育を始めるために、昨日の降園後から今朝までの健康状態を把握することは重要です。「機嫌が悪い」「ちょっと食欲がない」「ゆっくりとトイレができていない」などちょっとしたことから、今日配慮すべきことが明確になります。配慮できなかったばかりに子どもの健康状態が悪化することもあるので、見逃さないようにします。

●家庭での生活を把握する

　休日、遊びに出かけて疲れたり睡眠時間が短くなってしまったなどが書いてあれば、園での保育で留意することができます。

　楽しかった経験が書いてあれば、子どもや保護者との共通の話題になります。以前と比べて記載が少なかったり、子どもが家庭で一人で過ごしている様子があれば、保護者の状況に変化がないかなどを確認する必要があります。

●保護者の困っていることや悩みを把握する

　「食事の量が少ない」「なかなか寝ない」「言うことを聞かない」など、子育てで困っていることについて書いてあるときは、保護者に話を聞いてみましょう。ちょっとした困りごとや少しの悩みに気づいて、すぐにかかわることが援助となります。

5. 保護者会での役割

　保護者会や懇談会は、子どもの成長や保育について、保護者と保育者が話し合う場です。保護者同士や、保護者と保育者が互いに子育てを通しての喜びや大変さをわかちあったり、知り合うことのできる機会です。

　家庭の状況によりますが、両親だけでなく、日ごろの送迎をする祖父母が参加する家庭もあります。互いの顔が見えるような場所や席を用意します。

　保育者はファシリテーターとして、参加する保護者同士をつなぐ役割を担います。会の進行役をしながら、参加者全員が公平に発言できるように気を配りましょう。

●はじめに

参加者には、時間や内容とともに、何をするか・どう進めるか、してほしいことに加えて、全員に話してほしい・聞いてほしい・携帯電話のマナーの確認をします。限られた時間が実りあるものになるよう、参加者の協力を求めます。

●内容に合わせた方法

みんなで検討したいテーマがある場合には、和気あいあいとした雰囲気にならないこともあります。事例のロールプレイやグループワークを取り入れるなど、話し合いを促す手法があります。また、スライドやビデオなどで保育の様子を知らせることもできます。

●参加者への感謝を忘れない

会のはじめとおわりには、参加してくれたことに対する感謝の気持ちと日々の保育のお礼を伝えます。

●終了後

参加できなかった保護者や家庭への配慮を忘れずに、配布資料を届け、内容を知らせします。クラスの掲示やお便りにも、行事の記録として、何が話されたか、どんな様子だったかを掲載しましょう。

6. 個人面談・行事

　個人面談の目的は、園と家庭、担任と保護者が、子どもの生活の姿や成長、課題と思われることなどを共有することです。日ごろのあいさつやちょっとしたやりとりとは異なり、落ち着いて保護者と話すことができるので、互いの理解を深める機会でもあります。

　多くの場合、子どもは保育所で見せる顔と家庭での姿が同じとは限りません。園生活では問題に捉えていなかったことでも、保護者からの話で把握できることもあります。逆に、保護者が「うちの子ども、○○なんです……」と思っていても、園生活の姿を知らせることにより、保護者の心配が減ることもあります。園と家庭が連携して、子どもにとって24時間の生活が満足したスムーズなものになるよう、率直に話し合う雰囲気が大切です。

●面談の日程調整

- きょうだいがいる場合は、日程や家庭での様子の情報を、クラスの担当者間や園内で調整・共有することが大切です。

- 面談で保護者から聞きたいことは、「こういうことを伺います」と事前に知らせておき、保護者に考えてもらう時間をとると面談がスムーズに進みやすくなります。

- 面談の担当者や人数等を知らせておき、面談をイメージしてもらうことは大切です。園側の都合で、担任だけ、担任と主任という違いがあると、保護者から「なぜ、うちは……。問題のある家庭と思われている？」と誤解を招きかねません。

●面談時のセッティング

日程の時間帯をどのように設定するかは園によりますが、場所や椅子の配置などで、保護者がリラックスできるよう工夫します。

●担任や園から伝えること

- 園生活での子どもの育ち（園生活での様子、成長したと感じるエピソード、その子どものよさ）を伝えます。今後の育ちの見通しのなかで、保育者が期待している・楽しみにしていることも付け添えます。遊びの姿の写真や個人の作品なども、目に見えてわかりやすい材料になります。

- 課題と思われること、本人が困っていることなどを伝えたり、担任が対応に困ったなどがあれば、家庭での様子を尋ねたりします。

●保護者や家庭から聞きたいこと

- 家庭での子どもの姿に加えて、保護者がその姿をどう感じて、どう考えているか
- 育ちに楽しみな点があるか、こういう人になってほしい等の願い
- 問題や困りごとがあるかどうか

●自園ならではの工夫を

ある園では、保護者の１日保育参加を企画し、遊びから給食、午睡の促しまで「お父さん先生・お母さん先生」として保育に参加してもらい、その際個人面談を設定しています。子どもは、保護者と過ごせる満足感があり、保護者の先生役を楽しんでいます。保護者にとっては、園生活や子どもの姿を知り、子どもの友だちとも知り合いになれるなどの効果があります。

7. 地域への園庭開放や子育て支援の場

　地域社会や家族のあり方が変化したことで、子育て中の保護者の不安やストレスは以前より強くなっています。在園児の保育だけでなく、保育所では家庭で育児をする地域の保護者とその子どもを対象とした園庭開放や親子向けのプログラムを通して、子育て支援をおこなっています。

　園で子育て支援をおこなう際には、在園児の保育と並行していることを活かして、親子が楽しめるプログラムを検討します。

　大切なのは、子育て支援の場に来る親子は何を求めているのか、一人ひとりの話を聞いて理解することです。実際、親子はさまざまな理由があって園を訪れています。ニーズに合わないかかわりや支援は逆効果であることに留意しましょう。

つなぐ役割であることを意識する

　園や保育者が担う地域子育て支援の役割は、親子と親子、保護者と保護者、家庭と園、家庭と地域をつなぐことです。また、個別の相談を受けたり、子育てに必要な情報提供をしたり、次の援助につなげる窓口としての役割もあります。

 来園の理由を知り、支援の方法を探る

　自分自身のストレスを解消したい、疲れがたまっているので少しだけでも子どもから離れてリラックスしたい、大人の会話がしたい、地域の保育施設を知りたい、入園する園を選ぶ参考にしたい、家から出かけて子どもを遊ばせたいなど、さまざまな来園理由に応じて、個々に必要とされる具体的なかかわり方を検討します。

8. 外国にルーツをもつ家庭

　保育所には、外国人保護者や日本語を母国語としない保護者も増えています。子育て中の母親は孤立しやすく、外国人や日本語を母国語としない保護者は、なおさら孤立化しやすく支援が必要となります。また、子育てや保育に必要な情報は専門的で難しい言葉も多くあります。日本の地域社会で生活する者同士、相手の文化等に配慮しながら、わかりやすい日本語で話しかけることが、地域社会で生活することにつながります。

　そもそも、文化の違いによるコミュニケーションのズレがあることを理解し、保育者（園）からの一方的な情報伝達や依頼だけでなく、双方向のコミュニケーションを視野に入れることが大切です。

　話すとき・書くときに共通して、日本語で伝える際に気をつけたいことは次の通りです。

●情報を整理し、簡潔に相手が理解しやすい順序で伝える

　結論・本題から言う、必要な情報に絞りキーワードを挙げる、行動する順番に伝える、などの配慮をします。

●省略や婉曲表現は避けて、必要に応じて説明を加える

　日本の文化を常識とした表現はわかりにくいものです。常識や習慣を前提とした省略や婉曲表現は避けて、必要に応じて説明を加えます。

　　例）×「水遊びにふさわしい服装で来てください」
　　　　〇「水遊びをします。ぬれてもよい服（Ｔシャツやズボン）で来てください」等

●単純な構造の短い文にする

　文末表現はわかりやすい言葉を選び、二重肯定などを使わずにわかりやすい表現にします。

例）「～しないと、～できません」 ➡「～してください」
　　「一緒に～しませんか？」　　 ➡「一緒に～しましょう」

●わかりやすい単語を使う

　熟語、略語、カタカナ語、擬音語・擬態語、幼児語、方言などの言いまわしはなるべく避けます。

●話すときに気をつける

　ゆっくり・はっきり話して大きい声は出さない、同音の言葉、方言の使用はなるべく避ける、話し方のクセに気をつける、大切なことはくり返して言う、紙に書いて渡すなどの留意点があげられます。電話はとくに要点を絞って伝えます。

●書くときに気をつける

　手書きは楷書でていねいに、難しい漢字は使わずにひらがなで書き、漢字を書く場合にはルビをふる、書いたものを手渡すときはひと声かけるなど配慮します。

●話を聞くときに気をつける

　相手に向き合って聞く姿勢が肝心です。適度な相づちを打ったり、相手の話をくり返したり、表現や言葉がうまくみつけられないようであれば、「～のことですか」といった言葉を補うなどします。

●文書はかんたんな日本語に書き換える

　ふりがなをふる、熟語をわかりやすい単語にする、短文にするなどを意識します。行動を促す場合は、行動する順に項目にして書きます。

例）「午前7時現在△△市に暴風警報が発令の場合は自宅待機とします」
　　➡「午前7時に△△市に暴風警報が出ているときは、保育園には来ないで、家にいてください」

9. 実習生の受け入れ

　実習は、保育者としての専門性やキャリアを積んでいく最初の段階です。保育所の実際を知ることと、大学などで学んだ理論と各園での実践を結びつけて理解することが目的です。具体的には、各クラスに配属されて、担任保育者の指導を仰ぎながら、補助的な立場で子どもとかかわるほか、保育の周辺的な雑務も経験していきます。

　園児と同様、学生も一人ひとり多様な生活経験をしています。そこでまずは、園での生活の仕方を理解してもらい、雑務にみえることこそが子どもの生活を支える仕事であることを伝えていきます。

　実習生を迎えるにあたり、気をつけたいポイントを紹介します。

 人間性と専門性の向上に努め、専門職としての責務を果たす

　実習生がいちばん気にかけているのは、クラスの保育者同士の人間関係や自分に対する評価です。そのため先輩保育者として、同僚、保護者、子ども、そして実習生に対しても誠実に対応します。先輩保育者の姿は後進に伝わります。

知っておきたい保護者対応の基礎知識　第3章

Point2 わからないことがわからないのが実習生だと理解する

園での生活の仕方や環境構成、物品の扱い方は、最初にていねいに伝えます。

Point3 指示や指導は相手の意図をふまえて正確に伝える

ダメ出しと指導は異なります。具体的な質問を通して実習生の考えていること、理解していることを確認します。ほんの少しの時間でも会話を交わすことが、実習生にとっては安心と自信につながります。

Point4 保育のねらいを伝える

年間指導計画、月・週案等を見せながら、保育の見通しを説明します。実習生には気づきにくい保育者の援助の意図を説明します。

5

保護者の困りごとへの支援

1. 保護者は何に困っているのかを知る

　保護者がいつ、どこで子育てに困るのかといえば、子育てのスタート時点からです。最近の家庭の家事・育児は専業・有職者を問わず、母親がその多くを担っており、母親から「こんなはずじゃなかった」という声があがっています。

　また、子育てに参加しづらい職場環境に悩む父親、「祖父母力」などといわれ、孫育てを期待される祖父母も加えると、それぞれの立場で「育児に疲弊する」状況があるようです。みんなが子育てについて思い描いていたことと現実のズレに悩んでいる一方、子育てに向き合う姿勢や育児参加の二極化も指摘されています。

　保護者の困りごとと悩みの内容は、子どもの成長に応じて変わっていきます。

● 1歳までの1年間

　病気にかかりやすく、子どもの著しい成長や変化のある時期は、世話のしかたやかかわり方など、悩みの内容も変化していきます。

●子育て経験の有無と第1子の家庭

　子どもの成長発達とともに、親としての経験が親を育てていきます。困りごとや悩みは子どもによって異なりますが、第2子以降となれば、子育て経験をふまえて育ちやかかわりの見通しがついてきます。対して、第1子の家庭にとっては、親として初めてのことが多いことから、日々気を配り、園生活の節目を機会に話をして確認します。

●家庭での家事・育児の担い手の状況

　母親が家事・育児の大半を担い、近所に助けてくれる人がいない場合には、兄弟の人数を問わず、孤立感・疲弊感がないか、困っていることは何かなど、母親の状況や生活の状況にも気を配ります。

2. 本当の問題は何か――問題を可視化する

　保護者への支援は、保護者と保護者の悩みにどう向き合い共感できるかによります。本音で対話ができるという信頼感をもてるかにかかっています。

●保護者の個別性を理解する

　保育者からするとよくある問題だとしても、困ったり悩んでいることに共感的に寄り添うこと、また対話を通して本当の問題が何かをつかむことが大切です。

　保護者の訴えについて、最初は子どもの問題に関する相談に聞こえても、じっくり話をしてみると、実は保護者自身の子育てのつらさの訴えであった等、本当の問題が何かがわかることがあります。たとえば、子どもの夜泣きがひどくてどうしたらよいかという相談から始まった場合でも、話を聞いていくと、子どもの夜泣きがなくなるにはどうしたらよいのか、かかわり方が知りたいというよりも、夜泣きが止まらないと母親自身が眠れずに疲れるし、本当にイライラしている自分に気づいたという例もあります。

●保護者の自己決定を支え尊重する

　問題の本質が何かに気づいたときに、今後どうしていきたいのか、何かするのか・しないのかの方向を決めることは、問題の内容や程度によっては保護者自身が決定することが難しいこともあります。しかし保育者として大切なのは、常に保護者を支持し、尊重する姿勢です。保護者が自分自身で決めたことを納得しながら進めていくこと、それをサポートする役割が保育者や園であることを伝え続けることが大切です。

3. 一人で抱え込まない・抱え込ませない

　毎日出会う保護者と子どもですが、朝晩の送迎時や普段のやりとりではなかなか落ち着いて話を切り出す機会がないかもしれません。

　ほんの少しのタイミングを見計らって、「明日の帰りの時間にお話できますか?」「最近、〇〇くん、こんなことを好んでしていますよ」など、子どもの様子や話題をふりながら、保護者の困りごとがあるかどうか確認するきっかけをつかみます。

　保護者の送迎時の時間帯の都合で、直接話しにくいことが続く場合には、担任だけでなくほかの保育者にも伝えたり、問題によっては主任や園長から対応してもらうなど、保育者が一人で対応しようとするのではなく、保育者同士、園全体が連携して、保護者の支援に取り組んでいるということや園内組織の相談のしくみを知らせておきます。何かあったときには、担任だけでなく、ほかの保育者に知らせることで対応してもらえるという信頼感を保護者がもつことが、困りごとを一人で抱え込まない、抱え込ませないことにつながります。

●園内に保育者以外の相談の仕組みはあるか

　地域の相談支援につなげられるカウンセラーや支援者がいるかを確認します。定期的に保育相談の専門家に来てもらう機会を設けることもできます。

●地域の専門機関や関係先と連携できそうか

　問題の内容によっては、保育者や園での対応が困難なこともあります。問題の内容や程度によって関係先を紹介できるよう、地域の専門機関や情報を集めておきます。

参考となる資料

* 山縣文治監
『保育所・認定こども園等における人権擁護のための
セルフチェックリスト〜「子どもを尊重する保育」のために〜』
全国保育士会、2018年

* 社会福祉法人大阪ボランティア協会「多文化子育て支援ブック」企画
委員会編
『多文化子育て支援ガイドブック　日本語でつたえるコツ』
社会福祉法人大阪ボランティア協会、2013年

* 柏女霊峰監、全国保育士会編
『改訂２版 全国保育士会倫理綱領ガイドブック』
全国社会福祉協議会、2018年

* 保育士がこたえる子育てQ＆A（全国保育士会）
www.z-hoikushikai.com/qa/
保育士が日ごろ保護者等からよく受ける子育ての相談や育児について
の悩みなどを集約し、保育士の保育実践からの知識・経験を生かして
答えています。

* 健全育成のための活動プログラム／親子遊び・子育て支援プログラム
http://www.mhlw.go.jp/seisakunitsuite/bunya/kodomo/
kodomo_kosodate/kosodate/katsudou_program/
　こどもの城が開発した遊びのプログラム・子どものための活動の中
から、ひろく児童の健全育成活動、子育て支援活動などに役立つプロ
グラムが掲載されています。

第4章

保護者との コミュニケーション力 を高めるワーク

本章では、新人から若手保育者まで、
園内研修などを通して保護者との
コミュニケーション力を高めるワークを紹介します。

表情のトレーニング

非言語的コミュニケーションの練習です。人と話すとき、どのような表情で接しているでしょうか。1人もしくはペアで、互いの表情をチェックしてみましょう。

① アイコンタクトをとれますか。

相手の顔のどのあたりを見るとよいでしょうか。まなざしの強弱もありますか。

② 自然な笑顔、口角をあげてにこやかな表情がでますか。

③ うなずくときの言葉に合わせた表情・顔の動きを、いくつかしてみましょう。

例)「はい」と言いながら、早くうなずく、ゆっくりうなずく、くりかえすパターンをしてみます。ほかにどのような「うなずく」言葉がありますか。

保護者とのコミュニケーション力を高めるワーク　第4章

あいさつのトレーニング

朝の登園時のあいさつのイメージトレーニングです。
あいさつの意味は、自分から相手に気持ちを近づけて、相手の心を押し開くことです。

① 声に出してみましょう。

「『あ・い・さ・つ』は、（あ）明るく、（い）いつも・いきいきと、私から（さ）さきに・さわやかに、（つ）つなげて・つづけて、子どもと保護者に接していきます」

② 次のセリフを、気持ちを込めて言ってみましょう。

「おはようございます。今日の調子はいかがですか。いつも〇〇さんを気にかけています。もっと話したいと思っていますよ。今日も一日〇〇ちゃんと楽しく過ごしますね。〇〇さんもお仕事をがんばってくださいね。どうぞ、安心していってらっしゃい」

③ ②で言葉にしたように気持ちを込めてあいさつをしましょう。

「おはようございます」「いってらっしゃい」と言ってみましょう。

95

Lesson 3 立ち居振る舞いのトレーニング

自分の立ち姿や座った姿勢をチェックしてみましょう。

① **すっと背筋を伸ばすことを意識した、自然な姿勢になっていますか。**

② **椅子に腰かけたり、床に座って子どもと接しているときの姿勢も意識しましょう。**

背中が丸まっていたり、足を投げ出した姿勢をしていると、子どももそのような姿勢でよいと考えてしまいます。

③ **腰かけて子どもと接しているときの姿勢を確認してみましょう。**

同僚から呼びかけられたり、保護者対応で立ち上がるときなどに、面倒くさそうにしていませんか。気持ちよく立ち上がることができますか。

保護者とのコミュニケーション力を高めるワーク　第4章

伝え方のトレーニング

日々の保護者とのかかわりについて、自らの保育を振り返ってみましょう。

※『保育所・認定こども園等における人権擁護のためのセルフチェックリスト』参照（一部抜粋）

① 次頁以降の「場面」について、「している（したことがある）」「していない」のいずれかにチェックをつけてみましょう。

② 次頁以降の〈よりよいかかわりへのポイント〉を参考にして、自分であればどのような伝え方をするか書いてみましょう。

97

Lesson 4 伝え方のトレーニング

場面 1

迎えに来た保護者に「Aくんは、今日ケンカをしてお友だちを泣かせてしまいました」と、ほかの保護者にも聞こえるように言う。

☐ していない
☐ している（したことがある）

> ⇒ これは、**ほかの保護者に「Aくんはけんかっ早い子ども」だと言いふらし、Aくんの保護者のプライドを傷つける行為**です。

よりよいかかわりへのポイント

- 保護者が気まずい思いをしないよう、配慮が必要です。
- トラブルや困りごとを成長段階としてとらえ、親子にとって、相手の気持ちを理解することや物事の「良し悪し」を学ぶ機会となるようにかかわりましょう。

✎ どのように伝えますか。

場面 2

いつもぎりぎりの時間にお迎えにくる保護者に「いつもぎりぎりですね」と言ったり、「○○ちゃん、今日もお迎え遅いね」と言ったりする。

☐ していない
☐ している（したことがある）

⇒ これは、**保護者の家庭や仕事を考慮しないかかわり**です。

よりよいかかわりへのポイント

- 保護者への支援も、保育者の業務の一つです。保護者に対して、否定的な言葉がけをするべきではありません。
- 一人ひとりの保護者の状況をふまえ、保護者の養育力の向上につながるかかわりを心がけましょう。

✏️ どのように伝えますか。

Lesson 4　伝え方のトレーニング

場面 3

登園が遅い、服が汚れている、お風呂に入っていない、提出物の遅れ等の際に、子どもに「また忘れたの。いつも忘れて困るね」「昨日はお風呂に入れてもらわなかったの」など否定的な言葉かけをする。

□ していない
□ している（したことがある）

⇒ これは、**子どもに「自分の親＝だめな保護者」と伝えている行為**です。

＼　よりよいかかわりへのポイント　／

- 子どもや家庭の置かれている現状はさまざまです。保護者を否定されることで、子どもは自身の存在も否定されている気持ちになります。

- 保護者を否定するようなことは、子どもに伝えないようにしましょう。誰にどのように伝えますか。

✎ どのように伝えますか。

100

保護者とのコミュニケーション力を高めるワーク　第4章

場面 4

「お休みの日にどこに行ったか、お話しして」という問いかけについて、クラスの子どもたち『全員』に発表してもらう。

☐ していない
☐ している（したことがある）

> ⇒ これは、**一人ひとりの子どもの家庭環境を考慮しないかかわり**です。

よりよいかかわりへのポイント

- 子どもたちの家庭の経済状況や環境の違い（家族構成）を理解していますか。
- 子どもの気持ちに配慮した問いかけを心がけます。どのような問いかけ（経験を聞く質問）があると思いますか。

✏️ どのように伝えますか。

101

子ども理解のトレーニング

みなさんには、対話しやすい保護者、しにくい保護者がいませんか。
「そんなことはない」と思っていても、無意識のうちに苦手な保護者とは
対話が疎遠になっているかもしれません。自分が対話しやすい、
無意識でも働きかけやすい保護者を明らかにして、対話をするコツを紹介します。

① 担当するクラスの子どもたちの名前を書いてみましょう。

② 担当するクラスの保護者の名前を書いてみましょう。

❶❷を書いてみて何か気づいたことはありませんか。

❶❷であげた子どもや保護者のうち、最初に名前があがった２、３名は、あなたが無意識でも記憶しやすい、対話しやすい子どもや保護者ではないでしょうか。さて、どんなタイプですか。

反対に、名前があがらなかった、もしくは最後の２、３名の子どもや保護者は、あなたが記憶しにくく、対話しにくい子どもや保護者といえます。

人はみな、自分の記憶の習性があります。これは人それぞれであり、当然のこととして理解し、むしろ専門家としてまず、自分の習性に気づきましょう（月齢順、ロッカー順、あいうえお順、気になる子順、苦手意識のある保護者順など、人それぞれです）。

次頁（104頁）の図は参考ですが、記録として書いてみましょう。書きやすい子どもと書きにくい子どもはいませんか。書きにくい子どもは記憶しにくい子どもです。無理に書かず、翌日にでも意識してみてから書いてみましょう。

記憶しにくい子どもの名前（記憶しにくい保護者の場合も、その子どもの名前）を書いて、保育のなかでその子どもの様子を記録しておきましょう。そして送迎の際に「今日は〇〇ちゃん、こんなことがありましたよ」と具体的な様子を伝えてみます。苦手だと思っていた保護者も、具体的なエピソードがあれば対話しやすくなります。気がつけば話すのが楽しみな保護者になっているかもしれません。

Lesson 5 子ども理解のトレーニング

子どもの名前＼子どもの姿	好きな人（大人・子ども）	好きな物（おもちゃ）	好きな場所	好きな遊び（何を楽しむ）	よく言う言葉	泣くときの様子	笑うときの様子	備考

資料

保育所保育指針 （平成29年3月31日　厚生労働省告示）

第4章 子育て支援

　保育所における保護者に対する子育て支援は、全ての子どもの健やかな育ちを実現することができるよう、第1章及び第2章等の関連する事項を踏まえ、子どもの育ちを家庭と連携して支援していくとともに、保護者及び地域が有する子育てを自ら実践する力の向上に資するよう、次の事項に留意するものとする。

1 保育所における子育て支援に関する基本的事項

(1) 保育所の特性を生かした子育て支援

　ア 保護者に対する子育て支援を行う際には、各地域や家庭の実態等を踏まえるとともに、保護者の気持ちを受け止め、相互の信頼関係を基本に、保護者の自己決定を尊重すること。

　イ 保育及び子育てに関する知識や技術など、保育士等の専門性や、子どもが常に存在する環境など、保育所の特性を生かし、保護者が子どもの成長に気付き子育ての喜びを感じられるように努めること。

(2) 子育て支援に関して留意すべき事項

　ア 保護者に対する子育て支援における地域の関係機関等との連携及び協働を図り、保育所全体の体制構築に努めること。

　イ 子どもの利益に反しない限りにおいて、保護者や子どものプライバシーを保護し、知り得た事柄の秘密を保持すること。

2 保育所を利用している保護者に対する子育て支援

(1) 保護者との相互理解

　ア 日常の保育に関連した様々な機会を活用し子どもの日々の様子の伝達や収集、保育所保育の意図の説明などを通じて、保護者との相互理解を図るよう努めること。

　イ 保育の活動に対する保護者の積極的な参加は、保護者の子育てを自ら実践する力の向上に寄与することから、これを促すこと。

(2) 保護者の状況に配慮した個別の支援

ア 保護者の就労と子育ての両立等を支援するため、保護者の多様化した保育の需要に応じ、病児保育事業など多様な事業を実施する場合には、保護者の状況に配慮するとともに、子どもの福祉が尊重されるよう努め、子どもの生活の連続性を考慮すること。

イ 子どもに障害や発達上の課題が見られる場合には、市町村や関係機関と連携及び協力を図りつつ、保護者に対する個別の支援を行うよう努めること。

ウ 外国籍家庭など、特別な配慮を必要とする家庭の場合には、状況等に応じて個別の支援を行うよう努めること。

(3) 不適切な養育等が疑われる家庭への支援

ア 保護者に育児不安等が見られる場合には、保護者の希望に応じて個別の支援を行うよう努めること。

イ 保護者に不適切な養育等が疑われる場合には、市町村や関係機関と連携し、要保護児童対策地域協議会で検討するなど適切な対応を図ること。また、虐待が疑われる場合には、速やかに市町村又は児童相談所に通告し、適切な対応を図ること。

3 地域の保護者等に対する子育て支援

(1) 地域に開かれた子育て支援

ア 保育所は、児童福祉法第48条の4の規定に基づき、その行う保育に支障がない限りにおいて、地域の実情や当該保育所の体制等を踏まえ、地域の保護者等に対して、保育所保育の専門性を生かした子育て支援を積極的に行うよう努めること。

イ 地域の子どもに対する一時預かり事業などの活動を行う際には、一人一人の子どもの心身の状態などを考慮するとともに、日常の保育との関連に配慮するなど、柔軟に活動を展開できるようにすること。

(2) 地域の関係機関等との連携

ア 市町村の支援を得て、地域の関係機関等との積極的な連携及び協働を図るとともに、子育て 支援に関する地域の人材と積極的に連携を図るよう努めること。

イ 地域の要保護児童への対応など、地域の子どもを巡る諸課題に対し、要保護児童対策地域協 議会など関係機関等と連携及び協力して取り組むよう努めること。

編著者

大方美香（おおがた・みか）…第1章、第2章、第4章
大阪総合保育大学学長

専門は保育学、幼児教育学。著書に『基本保育シリーズ16　乳児保育』（編者）、『現場に活かす　保育所保育指針実践ガイドブック』（執筆者、ともに中央法規）などがある。

執筆者

髙根栄美（たかね・えみ）…第3章、第4章
大阪総合保育大学准教授

専門は乳幼児教育学、保育学。著書に『基本保育シリーズ20 保育実習』（執筆、中央法規）などがある。

取材協力 …第1章

有福淑子　大嶋健吾　玉川朝子　八重津史子

保育わかば BOOKS

失敗から学ぶ
保護者とのコミュニケーション

2018年8月10日　発行

監　修　社会福祉法人日本保育協会
編著者　大方美香
発行者　荘村明彦
発行所　中央法規出版株式会社
　　　　〒110-0016　東京都台東区台東 3-29-1　中央法規ビル
　　　　営　　業　Tel 03 (3834) 5817　Fax 03 (3837) 8037
　　　　書店窓口　Tel 03 (3834) 5815　Fax 03 (3837) 8035
　　　　編　　集　Tel 03 (3834) 5812　Fax 03 (3837) 8032
　　　　https://www.chuohoki.co.jp/

編集　　　　　　　株式会社こんぺいとぷらねっと
印刷所　　　　　　株式会社ルナテック
装幀・本文デザイン　SPAIS（宇江喜 桜）
イラスト　　　　　みや れいこ

定価はカバーに表示してあります。
ISBN978-4-8058-5704-5

本書のコピー、スキャン、デジタル化等の無断複製は、著作権法上での例外を除き禁じられています。また、本書を代行業者等の第三者に依頼してコピー、スキャン、デジタル化することは、たとえ個人や家庭内での利用であっても著作権法違反です。

落丁本・乱丁本はお取替えいたします。

好評既刊 保育わかばBOOKS

監修 社会福祉法人日本保育協会　定価 各巻1,800円（税別）

子どもイキイキ！
園生活が充実する「すきま遊び」

駒井美智子　著

活動前や空き時間を用いて、楽しみながら育ちを促す「すきま遊び」を解説。気持ちを盛り上げる、集中させる、落ち着かせるなど、目的に応じた38の遊びを紹介する。「育ってほしい10の姿」を意識した保育を展開できるレシピ集。

自信がもてる！
育ちを支える食事の基本

小野友紀　著

保育所における「食」の基本的な知識・技術を、実践的な演習を交えながら解説する。授乳から離乳食、幼児食までの食事介助の手順など、明日の保育から活用できる実践方法も掲載。「食」に悩む保育士必携の一冊。

遊びにつなぐ！
場面から読み取る子どもの発達

増田修治　著

子どもたちの日々の様子・振る舞いから、その子自身の「育ち」をどうとらえるか。本書は、年齢ごと・場面ごとに子どもの発達をどう読み取るか、イラストを交えて解説。さらにその発達に応じた保育の展開方法を具体的に紹介する。

エピソードでわかる！
クラス運営に役立つスキル

石井章仁　著

クラス運営に必要な基本スキルと応用スキルを、現場のよくある事例を取り上げながら具体的に解説する。環境づくり、集団遊び、安全・衛生管理、個と集団、アセスメント等、経験の少ない新人や若手が身につけたいスキルが満載。

根拠がわかる！
私の保育 総点検

横山洋子　著

日常の業務で生じる「あるある」を元に、正しい・いけない保育の根拠を学ぶ。題材となる保育場面は、園行事、あそび、人間関係だけでなく、保護者対応やマナーまで幅広く網羅。日頃の保育を見直し、自分の保育に自信が持てる一冊。

写真で学ぶ！
保育現場のリスクマネジメント

田中浩二　著

新人や若手保育者は子どもの予測のつかない行動に対応できず、思わぬ事故につながるケースがある。本書は、登園から降園までの場面別の写真から、どこにリスクが潜んでいて、どのように予防・対応すればよいのかを学ぶ。

個性がキラリ
0・1・2歳児の指導計画の立て方

開 仁志　編著

保育のねらいや子どもの姿、環境図にもとづいた0・1・2歳児の指導計画（月案）の立て方を解説。乳児保育の充実が盛り込まれた新しい保育所保育指針を踏まえ、0・1歳児は個別の計画、2歳児はクラス全体の計画の立て方を示す。

個性がキラリ
3・4・5歳児の指導計画の立て方

開 仁志　編著

保育のねらいや子どもの姿、環境図にもとづいた3・4・5歳児の指導計画（月案）の立て方を解説。「幼児期の終わりまでに育ってほしい姿」をアイコンとして示すなど、新しい保育所保育指針を踏まえた計画のポイントや書き方がわかる。

保育の視点がわかる！
観察にもとづく記録の書き方

岸井慶子　編著

イラストによる30の保育場面を通して、保育者として見るべき視点と、観察に基づいた記録の例やその活用法を具体的に解説。何を書けばよいかを示し、多くの新任保育者が苦手とする「書く＝言語化」作業をサポートする。